D1476161

Artemisia Vuole Dipingere

Artemisia Wants to Paint

A tale about Italian artist Artemisia Gentileschi

Artemisia Vuole Dipingere - Artemisia Wants to Paint
A tale about Italian artist Artemisia Gentileschi

A bilingual picture book by Claudia Cerulli

Illustrations by Leo Lätti

Copyright © 2011 Long Bridge Publishing. All rights reserved.

All rights reserved. No part of this publication may be reproduced or transmitted in any form or by any means, electronic or mechanical, including photocopy, recording, or any information storage and retrieval system, without permission in writing from the publisher.

Find more books for bilingual children and Italian language students at:
www.LongBridgePublishing.com

Trova tanti altri testi di narrativa bilingue nel sito: www.LongBridgePublishing.com

Publisher's Cataloging in Publication data

Claudia Cerulli
   Artemisia Vuole Dipingere - Artemisia Wants to Paint/Claudia Cerulli; illustrated by Leo Lätti
      p.   cm.
   SUMMARY: Story of young Artemisia Gentileschi, 17th century Italian painter, and how helping her father meet a deadline sparked her painting career. Includes historical notes.
   ISBN-13: 978-0-9842723-9-6
   ISBN-10: 0-9842723-9-9
   1. Artemisia Gentileschi 1593-1652 -- Juvenile fiction   2. Women painters --Fiction.
   3. Italian language materials--Bilingual.   4. Art, Italian -- Fiction. 5. Italy--Fiction.
   6. Artists -- Fiction
   I. Title

Long Bridge Publishing
USA
www.LongBridgePublishing.com

ISBN-13: 978-0-9842723-9-6
ISBN-10: 0-9842723-9-9

Artemisia Vuole Dipingere

Artemisia Wants to Paint

Written by Claudia Cerulli
Illustrated by Leo Lätti

Long Bridge Publishing

Circa 400 anni fa una bambina di nome Artemisia viveva con la sua famiglia nel quartiere degli artisti di Roma.

A quei tempi molti palazzi e monumenti oggi famosi, non erano stati ancora costruiti o erano in via di costruzione.

Per questo motivo molti artisti provenienti da tutta Europa erano andati a vivere a Roma, per poter lavorare e creare stupendi dipinti e statue per i nuovi palazzi e per le nuove chiese della città.

About 400 years ago, a young girl named Artemisia lived with her family in the artists' neighborhood of the city of Rome.

At that time, many of the famous buildings and monuments that adorn Rome today had not yet been built or were under construction.

That is why many artists from all over Europe lived in Rome — so they could work and create beautiful paintings and statues for the brand new palaces and churches.

Il padre di Artemisia era il famoso pittore Orazio Gentileschi, il quale dipingeva grandi dipinti per i palazzi e le chiese di Roma.

Orazio conosceva e lavorava con molti artisti famosi. Uno di questi era il noto pittore italiano Caravaggio. Orazio ammirava lo stile di pittura di Caravaggio e gli piacevano le sue idee moderne e originali.

Ai tempi di Artemisia tutti gli artisti erano uomini, poiché la tradizione voleva che le donne facessero altri tipi di lavori e non andassero a studiare o a praticare arte.

Artemisia's father was the famous and talented painter Orazio Gentileschi, who made large paintings for the palaces and churches of Rome.

Orazio knew and worked with many great artists. One of them was the famous Italian painter Caravaggio. Orazio admired Caravaggio's style of painting and liked his innovative ideas.

During Artemisia's times, all artists were men, since women were expected to do different jobs and were not encouraged to study and practice art.

Artemisia trascorreva tante ore nello studio del padre. Lo aiutava a preparare i colori, puliva i pennelli e le piaceva moltissimo osservarlo al lavoro.

Anche Artemisia voleva dipingere, ma poiché era ancora molto giovane, suo padre le permetteva soltanto di far pratica su avanzi di tela e con vecchi pennelli.

Comunque sia, Artemisia pensava che dipingere fosse la cosa più bella al mondo ed era certa che un giorno avrebbe dipinto proprio come suo padre.

Artemisia spent many hours in her father's art studio. She helped him prepare the paint and clean the brushes and loved to watch him work.

Artemisia wanted to paint, too, but she was still very young and her father only allowed her to practice on small scraps of canvases with old, worn paint brushes.

Still she thought that painting was the most exciting work of all and she was sure that someday she would be able to paint just like her father.

Un giorno un nobiluomo andò a far visita al padre di Artemisia nel suo studio.

Il nobiluomo era vestito in maniera elegante e aveva un aspetto importante. Era venuto a incontrare Orazio per vedere le sue opere, ma anche per commissionare un dipinto per il suo palazzo. Il nobiluomo desiderava avere il dipinto in gran fretta poiché lo voleva avere pronto per un'occasione speciale.

Il padre di Artemisia accettò e promise che avrebbe consegnato il lavoro in tempo.

One day a nobleman visited Artemisia's father at the art studio.

He was elegantly dressed and looked very important. He had come to meet Orazio, see his artworks, and also order a new painting for his palace. The nobleman wanted the painting in a hurry since he wanted it to be ready for a special occasion.

Artemisia's father accepted the job and promised to deliver it on time.

Artemisia era contentissima che il padre avesse questo nuovo progetto poiché sapeva che lo avrebbe potuto osservare al lavoro tutti i giorni e gli avrebbe potuto fare tante domande.

Suo padre le aveva spiegato che questo era un lavoro molto importante e urgente e quindi avrebbe dovuto lavorare velocemente e con molta attenzione.

Siccome sapeva che suo padre avrebbe dovuto lavorare giorno e notte per finire il lavoro in tempo, Artemisia lo aiutò in ogni modo: preparandogli i miscugli di colori, pulendogli i pennelli e portandogli da mangiare nello studio.

Artemisia was very excited about her father's new project since she could watch him paint every day and she could ask him lots of questions.

Her father had told her this was an important and urgent project, and he had to work quickly and diligently.

Because she knew her father had to work day and night to finish on time, she helped him any way she could, by preparing paint mixtures, cleaning brushes, and bringing meals to the studio.

Le settimane trascorsero in fretta e il giorno della consegna era ormai alle porte. Il padre di Artemisia aveva lavorato giorno e notte ed era molto stanco ma, poiché era un pittore famoso con una reputazione da difendere, voleva a tutti i costi mantenere la promessa e consegnare il dipinto in tempo.

Il quadro era quasi terminato e mancavano solo un po' di colore per lo sfondo e dei ritocchi da fare qua e là.
Artemisia sapeva che suo padre era molto stanco ed era preoccupata per lui.

Weeks went by quickly and the delivery of the painting was just hours away Artemisia's father had worked day and night and was now very tired but, because he was a famous painter with a good reputation, he intended to honor his promise and deliver the painting on time.

The painting was almost completed; all he had to do was finish applying some color to the background and add some final touches. Artemisia knew her father was exhausted and she was very concerned.

Quella sera, quando gli portò da mangiare, Artemisia trovò suo padre addormentato nella sedia. Il pover'uomo aveva passato tutta la giornata nello studio a dipingere. La bambina cercò di svegliarlo, ma lui era troppo stanco per aprire anche un solo occhio.

Artemisia si mise a osservare il quadro attentamente. Era una vera opera d'arte e suo padre aveva fatto un ottimo lavoro. Purtroppo sulla tela c'erano delle parti da completare. Il nobiluomo sarebbe arrivato il giorno seguente per prendersi il quadro e lei sapeva che non avrebbe apprezzato un lavoro incompiuto.
La reputazione di suo padre era a repentaglio!

That night, when she brought him supper, Artemisia found her father asleep at his chair. He had spent the whole day painting in the studio. She tried to wake him up, but he was too tired to even open his eyes.

Artemisia took a good look at the painting. It was a fine work of art and she thought her father had done a great job. Unfortunately there were some unfinished areas on the canvas. The nobleman was coming early the next day to pick up the painting and she knew that he would not like an unfinished work. Her father's reputation was at stake!

Senza esitare, Artemisia si rimboccò le maniche, prese un pennello e si mise al lavoro. Sapeva come applicare la pittura perché aveva fatto pratica tante volte usando avanzi di tela. Per anni aveva osservato il padre dipingere e conosceva a memoria lo stile delle sue pennellate.

Lavorò quindi con attenzione e precisione, pennellando delicatamente e completando le parti del dipinto che il padre non aveva terminato.

Without hesitation, Artemisia rolled up her sleeves, grabbed a paintbrush, and started to work. She knew how to spread the paint smoothly since she had practiced for countless hours on canvas scraps. She had watched her father's techniques for many years, and she knew his brushstroke's style by heart.

She worked with focus and precision, adding paint with a delicate touch and completing the areas that her father had left unfinished.

Artemisia trascorse tutta la notte nello studio del padre dipingendo senza sosta. Alla fine mischiò gli ultimi colori per dare quei tocchi finali che il padre considerava molto importanti. Infatti, lui spesso la chiamava al suo fianco per mostrarle come un piccolo tocco di colore qua e là era proprio quello che occorreva per illuminare un dipinto.

Le mani di Artemisia lavorarono con sicurezza e precisione e, proprio quando i primi raggi di sole cominciarono a filtrare nella stanza, posò il pennello. Aveva finito! Il dipinto era finalmente completato e lei se ne tornò in camera sua a riposarsi.

Artemisia spent the whole night in her father's studio, painting without pause. Finally she mixed one last bit of paint to carefully add those final touches of color that her father had always said were very important. He often called her to his side to show her how much a little dab of color here and there could give life and light to a painting.

Artemisia's hands moved confidently and precisely. Just when the first morning sun rays started shining into the room, she put the brush down. She was done! The painting was finished and she tiptoed back to her room to get some rest.

La mattina presto si udì bussare alla porta. Il nobiluomo era arrivato e non vedeva l'ora di ammirare il suo nuovo quadro.

Orazio, che ancora dormiva nello studio, si svegliò di scatto e in fretta e furia cercò uno straccio per coprire quello che credeva fosse un dipinto incompiuto. A questo punto però il nobiluomo, molto impaziente, era già entrato nello studio e Orazio non fece in tempo a coprire la sua opera. Ma, con grande sorpresa, si accorse che il nobiluomo anziché salutarlo, si era precipitato a guardare il suo quadro e sorrideva contento.

"Hai fatto un ottimo lavoro, Orazio! Sei stato bravissimo!"

Nel frattempo Artemisia era tornata nello studio e, sorridendo, guardava suo padre. Orazio guardò quindi il dipinto e poi sua figlia, e immediatamente capì. Si sentì orgoglioso e riconoscente per quello che lei aveva fatto e i suoi occhi stanchi brillarono di contentezza.

It was early in the morning when someone knocked at the door. The nobleman had arrived and he was eager to see his new painting. Orazio, who was still asleep in his studio, woke up with a jolt and scrambled to find a large rug to cover what he thought was an unfinished painting. The impatient nobleman was already in the studio and the painter had no time to cover or hide his work. To Orazio's surprise, the nobleman did not even greet him but went straight to the painting and started smiling.

"You have done a wonderful job, Orazio!" he said. "You are the best!"

In the meantime Artemisia had snuck into the studio and smiled at her father. Orazio looked at the painting and then at his daughter. He understood and felt very proud and thankful for what she had done. His eyes were tired but happy.

Quando il nobiluomo se ne andò via con il quadro ancora fresco di pittura, tutta la famiglia festeggiò e ringraziò Artemisia per il suo prezioso aiuto. Da quel giorno le fu permesso di dipingere fianco a fianco con suo padre su tele vere, con pennelli nuovi e con tutti i colori che desiderava.

Orazio cominciò a insegnarle tutto ciò che sapeva sulle tecniche di pittura, sull'uso dei colori e tutto ciò che un bravo pittore doveva sapere. Artemisia era una studentessa molto brava e i due trascorsero tante ore piacevoli dipingendo insieme.

When the nobleman left with the freshly painted canvas, the whole family celebrated and acknowledged Artemisia's invaluable help. From that day on, she was allowed to paint with her father, side by side, on a real canvas, with good brushes, and with as many colors as she wanted.

Orazio started formally teaching her all he knew about painting techniques, the use of color, and everything a good painter should know. Artemisia was an extremely talented student and they spent many wonderful hours painting together.

Quando Artemisia diventò grande, divenne una pittrice famosa, proprio come suo padre. Personaggi importanti le chiesero di dipingere e i suoi lavori furono esposti e ammirati in palazzi e chiese.

Il suo sogno si era finalmente realizzato e poté così trascorrere il resto della sua vita dipingendo, proprio come aveva sempre desiderato.

Diventò anche una delle pittrici più famose della sua epoca. Il suo successo arrivò grazie al suo talento, alla sua determinazione e alla sua passione per la pittura.

Oggi possiamo ammirare i capolavori di Artemisia in vari musei sparsi in tutto il mondo e possiamo trarre ispirazione dalla sua storia.

When Artemisia grew up, she became a famous painter like her father. Important people asked her to paint for them, and her works were displayed and admired in palaces and churches.

Her dream had come true and she was able to spend the rest of her life painting like she had always wanted.

She was also the most famous female painter of her time. She had succeeded because of her talent, determination, and great passion for painting.

Today we can admire Artemisia's fine works in many museums around the world and be inspired by her story.

Cenni Storici

Artemisia Gentileschi nacque a Roma nel 1593. Era la figlia maggiore del pittore Orazio Gentileschi. Trascorse la sua infanzia a Roma, nel quartiere degli artisti (Rione Campo Marzio), dove in quegli anni si stavano costruendo molti edifici importanti. Durante la giovinezza di Artemisia, a Roma lavoravano molti pittori famosi, tra i quali: Guido Reni, Domenichino, Annibale Caracci e Caravaggio.

Poiché il padre di Artemisia aveva molti amici artisti, sin da piccola la bambina aveva incontrato e conosciuto molti pittori e aveva avuto la possibilità di vedere tante opere d'arte importanti.

Artemisia imparò a dipingere nello studio del padre quando era bambina, ma non poté mai frequentare l'accademia d'arte di Roma poiché vi erano ammessi solo gli uomini. Il suo primo dipinto firmato e datato fu eseguito quando aveva solo diciassette anni.

A diciannove anni Artemisia si sposò e si trasferì a Firenze, in Toscana. Li divenne la prima donna pittrice ammessa all'Accademia delle Arti del Disegno di Firenze.

A Firenze Artemisia diventò una pittrice famosa e stimata. Uno dei suoi maggiori estimatori fu Michelangelo Buonarroti il Giovane, amico di famiglia e pronipote del famoso pittore, scultore e architetto Michelangelo.

Durante il suo soggiorno a Firenze, Artemisia conobbe e strinse amicizia con il famoso astronomo Italiano Galileo Galilei, in quegli anni occupato a insegnare e a svolgere attività di ricerca scientifica.

Artemisia visse e viaggiò in altre città sia in Italia che in Inghilterra, dove lavorò come pittrice. Per realizzare le sue opere spesso s'ispirò allo stile dei grandi pittori Caravaggio e Michelangelo. Nei suoi quadri sono spesso rappresentate figure femminili molto forti.

Le opere di Artemisia oggi sono esposte nei musei di vari paesi del mondo, dove artisti e appassionati d'arte possono ammirarle e trarne ispirazione e incoraggiamento.

HISTORICAL NOTES

Artemisia Gentileschi was born in Rome in 1593. She was the eldest child of the painter Orazio Gentileschi. She grew up in the artists' quarter of Rome (Rione Campo Marzio), where many new architectural structures were being created at the time. During Artemisia's youth, many great artists were busy at work in Rome: well-known painters like Guido Reni, Domenichino, Annibale Caracci, and Caravaggio, to name a few.

Because Artemisia's father had many artist friends, ever since she was a child, she met and knew many painters and had access to many important works of art.

Artemisia practiced and painted in her father's studio during her youth but could not attend the artists' academy in Rome because only men were allowed to attend it. Her first signed and dated painting was executed when she was only seventeen years old.

When Artemisia was nineteen, she married and moved to Florence, Tuscany. There she became the first female painter to become a member of the Accademia delle Arti del Disegno in Florence.

In Florence Artemisia became a well-known and respected painter. One of her patrons was Michelangelo Buonarroti the Younger, who was also a family friend and the great-nephew of the famous painter, sculptor, and architect Michelangelo.

While in Florence, Artemisia met and became a friend of the famous Italian astronomer, Galileo Galilei, who was there teaching and doing scientific research.

During her life, Artemisia lived in and traveled to other cities in Italy and England while working as an artist. The works of the great painters Caravaggio and Michelangelo provided inspiration and models for her paintings. She usually painted strong female characters, often painting the same characters multiple times throughout her career.

Many works by Artemisia Gentileschi can now be found and admired in several museums around the world, where artists and art lovers can go to feel inspired and encouraged.

LO SAPEVI CHE...?

La costruzione della Basilica di San Pietro a Roma cominciò quando Artemisia era una ragazzina.

Prima di Artemisia Gentileschi, tra la fine del 1500 e l'inizio del 1600, altre tre artiste italiane ebbero successo come pittrici:

Sofonisba Anguissola nacque in una famiglia nella quale i genitori incoraggiavano i propri figli a perfezionare le proprie capacità e attitudini. Sofonisba ricevette un'intensa educazione artistica e divenne una pittrice di successo.

Lavinia Fontana era la figlia del pittore Prospero Fontana, fondatore della Scuola di Bologna e suo insegnante. Lavinia ebbe undici figli e lavorò come pittrice per tutta la vita, guadagnando per se e per la sua famiglia. Ebbe molto successo e riuscì a vendere le sue opere ad alto prezzo.

Fede Galizia nacque a Milano nel 1578. Suo padre, Nunzio Galizia, era un pittore di miniature e insegnò alla figlia a dipingere. Fede ebbe una carriera artistica di successo e fu una pioniera nel genere della natura morta: un suo dipinto firmato e realizzato nel 1602, è considerato il primo quadro di natura morta eseguito da un artista italiano.

DID YOU KNOW...?

When Artemisia was a teenager, the Saint Peter's Basilica was being built in Rome

Before Artemisia Gentileschi, between the end of the 1500 and the beginning of 1600, three other Italian female painters had successful careers:

Sofonisba Anguissola *was born in a family where parents encouraged their children to perfect their talents. Sofonisba received extensive art education and became a very successful painter.*

Lavinia Fontana *was the daughter of the painter Prospero Fontana, who was the founder of the School of Bologna and served as her teacher. Lavinia had eleven children and worked as a painter her entire life, to support her family. She was successful and received handsome compensations for her works.*

Fede Galizia *was born in Milan in 1578. Her father, Nunzio Galizia, was a painter of miniatures and taught her daughter how to paint. Fede had a successful art career and was a pioneer of the still life genre: one of her signed still lifes made in 1602 is said to be the first dated still life by an Italian artist.*

Have fun with more books in Italian and English!

Visit us online at **www.LongBridgePublishing.com**

58305394R00020

Made in the USA
Charleston, SC
09 July 2016